LA BELLE ENSEIGNE

GASTON CHÉRAU
DE L'ACADÉMIE GONCOURT

AU NAIN BLEU

AU NAIN BLEU

A LA BELLE ENSEIGNE

GASTON CHÉRAU

de l'Académie Goncourt

AU
NAIN BLEU

LES ÉDITIONS DES PORTIQUES

144, Avenue des Champs-Élysées, 144

PARIS

*Vos admirateurs sont in-
nombrables, mon cher Raoul
Ponchon, et — miracle à une
époque où les sentiments
sont si précaires — tous vous
sont demeurés fidèlement
attachés; pourtant, nous ne
sommes que quelques-uns à
connaître le charme de votre
amitié. Permettez au privilé-
gié que je suis d'écrire en
tête de ce conte, que j'aurais
voulu plus digne de vous, le
nom du pur poète français et
de l'ami que vous êtes, en
signe d'admiration et de res-
pectueuse affection.*

G. C.

ELA, en effet, pourrait être un conte, ou un ballet.

Mais voici ce qui s'est passé au château de Cascarello, en un temps que les mémorialistes de la Reine et, plus tard, les historiens du vieux monde, ne situent pas exactement.

Chacun des mémorialistes — faiblesse humaine — donne avec complaisance des précisions sur les détails de l'histoire dans laquelle il a joué un rôle; aucun n'a parlé de l'époque par rapport à une dynastie égyptienne ou à la naissance du Christ, et nul n'a fait état des généralités qui auraient pu nous permettre de la situer approximativement.

Quant aux historiens qui, depuis, ont eu à s'occuper de ce royaume délicieux, ils ont traité le sujet de façon assez cavalière.

Les gens de grande science n'ont pas de goût pour les Etats où l'on a entretenu une paix raisonnable et charmante — comme si la paix dans l'Univers était chose naturelle, et comme si la douceur de vivre était courante et ne valait que d'être notée légèrement ! Ce qu'il faut à ces doctes personnes, ce sont des guerres, des massacres, des expéditions, des épidémies, des famines, des cataclysmes ou des tableaux de mœurs dissolues.

A voir ces écrivains dans leur cabinet ou dans les bibliothèques, la visière verte sur le front, le crayon aux doigts, penchés sur les grimoires, on ne croirait pas qu'ils aient tant de goût pour le sang et pour les extravagances. Il est juste d'ajouter qu'ils adorent, aussi, discourir sur les traités qui modifient la géographie politique des pays, donnant la richesse aux uns, imposant la pauvreté aux autres ; ce goût-là, ma foi, correspond mieux à leur physionomie. Ils ne se doutent pas que, plus tard, ce seront justement ces chapitres de leurs ouvrages qu'on s'abstiendra de lire...

Le doux royaume de Cascarello n'a pas dû fournir à ces grands hommes de plume motif à bon festin : gens prudents, soucieux avant tout de ne pas commettre d'erreurs de date, et n'ayant vu là, précisément, aucune date et quoi que ce fût qui valût de fouiller plus avant dans les documents, ils en ont pris, avec lui, à leur aise. Ils ont dit, au galop, que l'événement dont nous voulons parler s'était produit à l'époque où le Château Royal dominait la ville, où la ville était la capitale du royaume de Cas-

carello, où l'oncle de la jeune Reine ache-
vait d'exercer sa régence, qui avait été
pacifique, heureuse, un peu trop grave
probablement — nous nous en doutons...
Il venait d'abdiquer ses pouvoirs devant
le printemps fleuri de la moins terri-
fiante majesté du plus petit royaume de
l'Univers.

C'est approximativement à cet instant
mémorable de l'existence de ce prince
que nous reconstituons l'histoire du
royaume de Cascarello. Il faut bien
avouer que sans les fragments de par-
chemin qu'on nomme « le Mémorial de
Matissou, le Nain Bleu », il nous aurait
été impossible de mener l'entreprise
jusqu'à sa fin.

Que reste-t-il du château et de la
ville ?... Des ruines rases dans des champs
de chardons bleus où philosophent des
ânes et, au printemps, quand l'herbe

courte est encore fraîche, où paissent avec une hâte appliquée les chèvres et les moutons des pauvres. Lorsque vient la saison des fleurs, c'est un endroit qui ressemble à certaines montagnes de Chypre dont les pentes recuites par le soleil des brûlants après-midi, hérissées, rocailleuses, s'enveloppent d'un tel manteau de parfum que les guêpiers invisibles, qui jettent du zénith leurs notes mouillées, doivent en sentir l'odeur miellée au poste de l'azur où ils sont suspendus.

Et que reste-t-il de la petite Reine, de l'oncle régent, de la Cour et des richesses du palais?... Certainement la chose la plus magnifique qu'on puisse concevoir : un souvenir, un vague, un nuageux, mais un adorable souvenir — à toutes les époques, sous toutes les latitudes, le plus précieux et le plus vivant des biens; un souvenir si beau qu'il rend l'histoire plus noble et plus séduisante en l'habillant du costume de la Légende...

Voici donc ce qui s'est passé au château de Cascarello, une nuit d'une année qu'on ne dira jamais. Après des siècles, on sait avec certitude qu'il s'agit vraisemblablement d'un prodige — c'est ainsi que l'on dénomme les événements qui dépassent l'entendement routinier des hommes, celui des savants compris, bien entendu, et même tout le premier.

A petite Reine prenait avec ses seize ans le sceptre du commande-
ment.

Un sceptre, pour des mains frêles, ressemble toujours un peu à un jouet charmant.

Pourtant...

Mais il faut dire, ici même, que si le palais avait le sombre aspect qu'on prête aux demeures des princes malfaisants, ses jardins étaient gais, arrosés de fins ruisseaux d'eau claire qui serpentaient dans l'ombre secrète des orangers et des touffes d'arbustes à grenades; il y avait des vasques et des jets d'eau, de grands eucalyptus dont la cime caressait les nuages, des gainiers violets, d'immenses banians assez larges pour abriter chacun deux compagnies d'hommes d'armes, des magnoliers éclatants, des calebassiers sur lesquels les soldats prélevaient leur vaisselle, des ginkhos, des savonniers, des tulipiers magnifiques, des mûriers où jouaient les loriots, des veloutiers, et des thuyas aux frondaisons impénétrables, et des arbres aux troncs lisses qui ressemblaient à des colonnes de bronze, et d'autres corsetés de lianes apportées de lointains pays par des marins, et des fleurs, et des oiseaux au plumage inconnu qui avaient fondé des colonies dans les hautes branches.

Tout le jour, la petite Reine était dans ce paradis; et, certaines nuits, quand la lune transformait le paysage avec ses décors d'argent, elle trompait la surveillance de Mme Nolette et venait se promener dans son Eden, pour essayer d'avoir peur.

Si, pour gouverner les hommes, la petite Reine n'avait rien appris là, en dehors de la grande leçon de douceur que donnent les choses longuement contemplées, elle y avait tissé la trame solide et régulière sur laquelle devait se poser la tapisserie de ses rêves. Et elle en avait brodés!... Elle en avait tant brodés que ses yeux, à force de regarder les lointains troubles du merveilleux pays où naissent les songes, s'en étaient agrandis. Quand elle riait, ils se perdaient dans le pli coulissé des paupières; on ne voyait plus, entre les longs cils noirs, que deux éclairs marron sous le cristal des larmes, car elle riait à en pleurer — et elle n'avait pas d'autres motifs de verser des larmes.

Le reste de son éducation? Les savants s'en étaient chargés. Le vieux Moham-Ramen, qui avait dressé la carte du ciel,

lui apprenait le nom des constellations
et les probabilités sur l'existence du vaste
Univers qui dominait le royaume de Cascarello — mais ces vues sur l'éther inson-
dable donnaient le frisson à la petite
Reine, et le vieux Duc-Régent avait
décidé de les supprimer jusqu'à nouvel
ordre; le sage Jahaja-Cimèn lui enseignait
l'histoire et cet autre sage, qu'on nommait
Sitanson-Koulem, la science de l'esprit;
mais la petite Reine ne montrait pas un
bien grand attachement pour leur enseignement, et son oncle le Duc-Régent avait
décrété que tous ces enrichisseurs de cer-
velles remettraient à plus tard la suite de
leurs leçons. Les autres professeurs du
Grand Collège eurent le même sort, c'est-
à-dire qu'on les pria de se taire en attendant que la petite Reine manifestât
son goût pour une de leurs spécialités.
Les savants s'en seraient consolés si l'un
d'eux n'avait été maintenu en fonction,

et ce n'était même pas un savant, ce n'était qu'un poète.

A les entendre tous, c'était l'être le plus médiocre du royaume, un pauvre homme qui était apparu un jour à la poterne du parc et qui, voyant la petite Reine, l'avait saluée bien bas, en disant :

— Votre Grâce ne voudrait-elle pas entendre la fable du rossignol qui a mangé des perles au lieu de se nourrir d'œufs de grenouilles ?

Et comme la petite Reine avait empêché ses gardes de le repousser dans la campagne, l'homme avait commencé de lui conter de quelle façon le rossignol avait trouvé les notes de son chant. Aussitôt, la petite Reine avait été comme transportée d'extase, et les gardes eux-mêmes, conquis, avaient écouté le conteur.

Le vieux bonhomme, qui était assez

laid, avait une voix dont les accents le transfiguraient.

Quand il se fut tu, la petite Reine lui dit :

— Bonhomme, mange la soupe avec mes soldats, et reviens demain ; je serai là.

Il revint le lendemain et conta l'aventure du paradisier et du serpent. Puis il revint une autre fois, une autre encore, jusqu'au jour où la petite Reine l'informa qu'elle l'attachait à sa maison ; mais il ne voulut pas qu'on l'astreignît à porter l'uniforme des servants de la Cour. On lui en proposa d'autres, celui des gardes des remparts, des maîtres de jeu, qui était de damier jaune et noir, très joli, même celui des officiers du palais, tout de pourpre et d'or ; il secouait la tête en souriant :

— Je n'aurais plus de mots dans la bouche, et les quatre idées qui daignent me visiter seraient mises en fuite par mes broderies et mes galons.

On lui offrit la robe des savants du Grand Collège, et cela n'alla pourtant pas tout seul parce que les docteurs firent entendre des protestations.

— N'ayez crainte, messieurs, leur dit-il, que je me pare de ce qui recouvre votre science! Je sais ce que je vaux et n'ignore point que je ne vous arrive qu'à la cheville. Je demande à conserver mon habit.

Il le conserva et l'on put voir chaque jour, sous les orangers au pied desquels coulaient les clairs ruisseaux qui entretenaient la fraîcheur du sol, la petite Reine qui écoutait le poète à la voix d'or et à la souquenille rapiécée. Il lui rapportait du pays des beaux rêves les histoires magnifiques des rois et des bergères, des oiseaux, des animaux, des nuages, des ciels étoilés, des tempêtes et des parfums.

Quand le sujet l'y engageait, il chantait en s'accompagnant d'un étrange instrument fait d'un coquillage sur lequel étaient tendues des cordes. Sa voix était douce, mais elle portait loin et, dans le bois d'orangers, les gardes et les domestiques se glissaient entre les fûts des arbres pour l'entendre. Le nain bleu Matissou était avec eux et, dans ces moments, il s'abstenait de rire.

Il n'était bruit dans le château que de ce génie en haillons.

Cela ne faisait pas l'affaire des professeurs. Une conjuration s'ourdit; il fallait s'y attendre. Elle éclata un beau jour.

— Monseigneur, dit ce matin-là le doyen du Corps enseignant au Duc-Régent, voilà qui ne peut durer! Un imposteur est à la Cour; il faut l'en chasser!

— Qu'à cela ne tienne, monsieur, répliqua le Duc. Nous allons consulter Sa Majesté la Reine!

La petite Reine répondit qu'elle n'avait que faire de l'avis des professeurs.

Ils redonnèrent l'assaut, et avec plus de véhémence.

— Monseigneur, expliquèrent-ils au Duc-Régent, le danger devient si grand que nous ne répondons plus de rien! Les histoires que conte ce malfaiteur sont faites pour dessécher l'intelligence de Sa Majesté la Reine, et nous voyons bien que notre rôle, désormais, sera de détruire la mauvaise semence de ce vilain avant de continuer à enrichir de grains nouveaux l'esprit de Sa Majesté.

Et ils parlèrent de l'immoralité des récits qu'ils avaient surpris; ils parlèrent tous à la fois, si bien que le vieux Duc ne retint que leur emportement, les arguments lui ayant échappé au milieu des glapissements.

— Messieurs, dit-il, j'agirai à mon heure, c'est-à-dire que je me rendrai compte en personne du désastre que votre dévouement me fait prévoir.

Le jour même, dissimulé derrière une touffe de grenadier chargé de fruits, il épiait l'arrivée de sa nièce et de son favori.

La petite Reine apparut, s'assit sur la grosse branche de figuier dont elle aimait faire son siège et, aussitôt, le conteur accourut.

Après les saluts, il mit genou en terre et attendit l'ordre de sa souveraine.

— Parle ou chante, bonhomme, ordonna-t-elle.

Il commença aussitôt :

L y a, loin, très loin de Cascarello, un pays jeté sur la mer, où les hommes sont petits, ont la peau jaune et les yeux bridés. Ils ont un esprit vif et riche, et le cœur plein de courage. Au temps de ma jeunesse, j'ai connu ce pays et j'y ai reçu l'enseignement d'un grand poète — dont je tiens cette histoire. Les arbres qui m'écoutent frémiront en l'entendant, mais qu'ils se rassurent : les fruits qu'ils portent n'engendreront jamais d'arbres qui seront soumis aux tortures que j'ai vues, parce que les arbres du bienheu-

reux pays de Votre Majesté vivent libre-
ment et portent des fruits sains.

Il changea de ton :

— Toutefois, ajouta-t-il de façon énig-
matique, si l'un d'eux portait un fruit qui
tromperait la nature, il secouerait ses
branches et s'en débarrasserait aussitôt.

Il se recueillit un instant et commença :

— Toyuki était le daïmio le plus riche
et le plus écouté. On le tenait pour un
conseil de grand choix. C'était pourtant
un homme qui devait mal finir, à cause
de son orgueil.

« Tout ce qui lui appartenait valait
mieux que ce qu'on avait autour de lui.
Son palais était le plus beau, son trésor
le plus formidable, son pouvoir illimité ;
son fils était le plus savant des jeunes
hommes. Il était amateur d'arbres nains ?
Il avait fallu que sa collection fût unique.

« De fait, il possédait la perle des arbres, le fameux *frère des volcans*, un cè-

dre dont la cime atteignait à peine le milieu de la jambe du puissant daïmio Toyuki, qui n'était pas grand. On disait que l'arbre était âgé de plus de treize cents ans... C'était possible.

« Le puissant Toyuki avait, aussi, les plus beaux berceaux de glycine de l'archipel et, dans de grandes vasques de porcelaine, les poissons les plus rares et les nelumbos géants les plus éclatants; mais tout venait après ses arbres nains, et ses plus précieux arbres nains venaient loin derrière le fameux *frère des volcans* qui, au dire de ceux qui ont eu l'insigne bonheur de le voir, était une merveille.

« Pourtant, il savait que, loin de chez lui, du côté de Nagasaki, vivait un certain Kami-San dont la collection jouissait d'une grande réputation. Chaque soir en s'endormant, chaque matin en se réveillant, et durant les nuits où la clarté de la lune brisait son sommeil, Toyuki pen-

sait aux arbres de Kami-San. Par là-dessus, des courtisans et certaines gens qui
en voulaient sourdement à son faux bonheur d'homme aux coffres pleins, lui par-
laient de ces fameux arbres qu'il n'avait
pas et entretenaient l'envie qui le ron-
geait.

« Un jour, il s'embarqua pour Nagasaki.

« Kami-San, qu'on nommait aussi Sa-
kihama, avait, en effet, aux environs de
Nagasaki, une ferme d'arbres nains. Or,
Kami-San venait de faire de pitoyables
opérations financières ; c'était un artiste
qui n'entendait que son art. Il aurait
mieux fait de continuer de dresser ses
arbres à ne pas grandir et de peindre des
cigognes. Il avait eu le tort de vouloir être
riche ; il avait perdu la moitié de ses biens,
et Toyuki, de si loin, l'avait appris, et il
arrivait.

« — Kami-San, fit-il, je vous achète

vos arbres et, par-dessus le marché, je vous rends l'argent que vous avez perdu.

« — Si Toyuki me rendait ce que j'ai perdu et me prenait mes arbres, dit Kami-San, je serais plus pauvre que le mendiant qui n'a plus droit qu'au chemin.

« Toyuki resta pourtant trois journées chez Kami-San, lui tint de grands discours, mais n'obtint de lui que la vente de cinquante sujets : et cela fut, quand même, toute une affaire ! Petite Lune d'Avril, sa fille, ne voulait pas se séparer d'eux. Elle pleura, et les larmes de Petite Lune avaient toujours raison des meilleures raisons de Kami-San.

« Petite Lune était jolie; ses amies l'appelaient *Oiseau* et ajoutaient *Petite Lune*. *Oiseau-Petite Lune* était un oiseau pâle, adorable, babilleur, gamin, coquet — une insurpassable perfection. »

La Reine soupira :

— Bonhomme, je voudrais être comme Petite Lune, une insurpassable perfection.

— Que Votre Majesté se console, répliqua le conteur. Quand ces choses-là se produisent, l'intéressé n'en est jamais prévenu. Je veux dire que nul de nous, même la plus gracieuse des souveraines, la plus jeune, la plus jolie et la meilleure, ne sait jamais ce qu'il vaut.

Et il poursuivit son récit :

— Toyuki vit tout de suite le tableau chez lui : Petite Lune parmi ses arbres et dans sa maison. Elle s'entendait d'ailleurs comme pas une aux soins du jardin.

« C'était, oui, une insurpassable perfection.

« Alors vint à l'esprit de Toyuki le projet d'arracher Petite Lune à papa Kami.

« Toyuki ignorait à qui il avait affaire.

« Petite-Lune était sage, résignée ; un oiseau, peut-être, mais un oiseau qui ne se laisserait pas mettre dans une cage sans la choisir. Or, elle ne voulait pas quitter papa Kami pour l'érudit fils de M. Toyuki, qu'elle ne connaissait pas.

« Cependant le bon papa Kami insistait : il était vieux, il fallait penser à devenir Mme Petite-Lune, et Mme Petite-Lune dans le palais de Toyuki... Peste, petite !

« Il fallut donc qu'elle consentît à ce qu'on lui demandait.

« Elle s'en fut promener son désespoir d'oiseau dans le jardin de ses arbres nains, à la place d'ombre où, lorsque sa grande sœur la Lune donnait, le voisin, fils de M. Sioukaou, venait la rejoindre. Il lui récitait à voix basse les poésies de la lagune verte, un des sols de la Terre qui nourrissent les fleurs qui parlent ; ou

3

bien il lui chantait tendrement les versets des dieux des montagnes. Le doux compagnon !

« Et il faudrait, maintenant, s'arracher à cet ensorcellement et partir!

« Elle pria encore, parla de nouveau à papa Kami; mais que dire à un bon papa qui vous répond : « — Je connais la vie, elle n'est pas toujours aimable et il faut obéir à la loi des ancêtres qui veut que chacun s'élève et grandisse, toujours, toujours, en suivant la courbe qui monte vers les félicités de cette terre pour être plus près des félicités futures.

« Enfin, lorsque le bon Kami-San se fut convaincu lui-même, en parlant longuement, que le bonheur de sa fille était là où la conviait Toyuki-San, il fit savoir à M. Sioukaou, le voisin, la bonne nouvelle et M. Sioukaou chercha partout son fils pour la lui annoncer; il le chercha en vain jusqu'au soir. Le lendemain, au soleil levant, on vit une forme éclatante qui se balançait à la branche d'un catalpa en fleurs comme une lanterne de soie; c'était le fils ds M. Sioukaou.

« La tendre petite fiancée crut en mourir; et puis, parce que son père insistait, elle céda d'un coup et partit pour le pays de Toyuki, accompagnant les chers arbres nains qui, eux aussi, s'en allaient vers l'exil.

« En arrivant chez Toyuki, en voyant le fils de Toyuki qui, tout savant qu'il fût, semblait un fieffé garnement, sa décision fut vite prise : elle irait rejoindre son petit camarade, le fils de M. Sioukaou, par le chemin céleste qu'il lui avait indiqué.

« Ce jour-là, soufflait une rude tempête sur le pays.

« Le soir venu, elle enleva ses socques, se glissa dans la grande pièce où l'on avait disposé les petits arbres nains qui venaient de chez elle et les caressa un à un ; ensuite, de sa voix la plus apitoyée, elle leur dit :

« — Je vous fais mes adieux, chers petits dont le plus jeune a dix fois mon âge. La terre n'est pas pour moi ; mais vous que j'ai si longtemps aimés, avec qui j'ai passé tant de temps en bavardages, vous n'oublierez pas, à travers les siècles qui vous restent à vivre, la Petite-Lune d'Avril qui, ce soir de tempête, se prépare à rejoindre Siou-San, son fiancé pour l'éternité, dans le royaume des Esprits de l'Air ; et vous lui pardonnerez tous d'avoir ajouté à l'eau matinale dont je vous arrosais, la liqueur qui vous empêchait d'atteindre les nuages, chers petits nains !

« S'adressant à son préféré, un chêne des lointaines contrées situées vers l'Occident, qui n'avait que deux cents ans, mais dont la silhouette, isolée des autres arbres, donnait l'impression qu'il était immense :

« — Pour toi, mon arbre du pays des brumes, mon dernier adieu! Si je n'avais peur d'ajouter à tes souffrances une douleur nouvelle, je couperais un de tes rameaux que je piquerais dans mes cheveux.

« Il arriva qu'en l'enlaçant une petite branche se cassa. Ce fut comme un don que lui faisait le chêne. Elle la serra dévotement contre elle, la baisa et aussitôt, elle se sentit soulevée : elle ferma les yeux. Il lui sembla qu'on parlait et que le vent, qui mugissait dehors, faisait palpiter les cloisons de papier. Soudain, il y eut un grand fracas d'effondrement, après quoi elle entendit des plaintes et des cris, et des imprécations. Autour d'elle, ronflait l'effroyable tornade, et, pourtant, elle était au milieu d'un grand

calme et l'air devenait à chaque instant
plus léger.

« Elle continuait de fermer les yeux,
non point qu'elle eût peur, mais parce
qu'un beau visage d'adolescent visitait
son esprit, et qu'elle ne voulait pas s'en
distraire ; c'était celui de Siou-San. Elle
le voyait nettement et chaque instant la
rapprochait de lui. Elle arriva si haut
qu'elle entendit son céleste fiancé lui
dire : « Lune d'Avril, je te remercie de
si bien m'aimer ! Tu as compris qu'en
quittant la Terre que tu habites encore
je ne voulais rien que me rapprocher de
toi. Et te voici, chère petite Lune
d'Avril ! Les dieux des ancêtres exau-
cent nos vœux et nous unissent. Remer-
cions-les ! Ils vont nous souder l'un à
l'autre pour l'éternité, comme les bien-
heureux qui ont gardé la pureté de leur
enfance. Entends les gongs qui réson-
nent : ce sont ceux des réjouissances qui

annoncent le jour béni de notre mariage. Grâce soit rendue à Celui qui décrète le bonheur des justes et décide de la punition des méchants ! » Et elle dit à son tour : « Cher Siou-San, mon exquis fiancé, j'arrive à toi pour la vie éternelle. Tu étais ma richesse sur la Terre ; tu seras ma richesse dans l'empire des Esprits que tu habites, où tu vas m'accueillir ! O mon fiancé charmant, quel bonheur est le nôtre ! Nous sommes les sons d'un même instrument ! » Et la voix de Siou-San lui répondit : « Nous sommes les sons d'un même instrument ! Gloire à notre Créateur ! » A ce moment, Petite Lune d'Avril ouvrit les yeux et le spectacle qui s'offrit à elle la convainquit qu'elle ne s'était pas abusée : elle était au-dessus de la terre, au-dessus de la colère du vent, portée par les plus hautes branches de son chêne d'Occident, tout près de la Lune, sa grande sœur. En bas, loin, si loin, des serviteurs brandissaient des lanternes au milieu des décombres et clamaient que le palais de Toyuki n'était plus, que Toyuki et son fils avaient disparu.

« Lorsque le soleil se leva, il éclaira un spectacle que l'imagination des poètes n'avait jamais représenté aux hommes : le palais de Toyuki s'était effondré et Toyuki n'était plus puissant. Couvrant la place qu'avait occupée le palais de Toyuki, soudainement sorti des décombres, un chêne immense, que nul ne connaissait, étendait ses bras. Au-dessous de lui, intacts, protégés par leur grand compagnon, les quarante-neuf arbres nains étaient rangés en cercle; et tout là-haut, à la cime du chêne immense, on apercevait une petite chose vêtue de clair, portée par les plus hautes branches : on devina, plutôt qu'on ne le vit positivement, que c'était Petite Lune d'Avril.

« Un peu après, on retira de l'enchevêtrement des poutres, des planches et des cloisons, le corps de l'orgueilleux Toyuki et celui de son fils.

« L'histoire finit là. Cela n'a pas de bon sens, bien sûr, puisqu'on ne sait ce qu'est devenue Petite Lune par la suite et qu'on est certain que son fiancé Siou-San n'a pas été ressuscité. Mais enfin, s'il est vrai que l'arbre nain a grandi en une seule nuit, qu'il a défoncé le palais de Toyuki, qu'il a écrasé sous les démolitions Toyuki, l'orgueilleux, et son fils, le mauvais garnement, qu'importe le reste, du moment que Siou-San a été vengé, que sa fiancée, Petite Lune n'a pas épousé le fils de Toyuki et qu'elle s'est rapprochée de son cher Siou-San !

— Bonhomme, dit la petite Reine, je veux que Siou-San ne soit pas mort !

— Que Votre Majesté pense à lui et à Petite Lune durant les nuits et les jours qui se préparent, répondit le conteur, et Siou-San revivra, car ne sont pas morts ceux qui ont leur place dans notre mémoire.

Et, se tournant vers les orangers qui les entouraient, il dit en riant :

— Les arbres ont frémi; du moins, je vois que tous portent des fruits qui sont sains et n'engendreront que de beaux arbres puisque, je l'ai noté, aucun d'eux n'a encore lâché ses fruits.

Il rit un peu plus fort en ajoutant :

— Pourtant, j'aperçois là-bas un gros potiron qui ne semble point bien tenir à la branche!

Et, aussitôt, une forme énorme se détacha et chut à terre.

C'était le savant Sitanson-Koulem qui s'était juché sur une branche pour surprendre l'histoire du poète et qui, perdant l'esprit à l'idée qu'il était découvert, venait de tomber de son perchoir.

Un qui était content et ne le cachait point, c'était Matissou-le-Nain-Bleu !

Il dansait autour de l'épais Sitanson-Koulem et chantait :

— L'arbre a lâché son fruit ; c'est un arbre de sagesse.

La petite Reine riait encore quand son oncle le Duc-Régent surgit de derrière la touffe de grenadier.

— Poète, dit-il, au conteur, poète que Sa Majesté ma nièce appelle « Bonhomme », tu continueras à faire partie de la Maison de Sa Majesté, et tu poursuivras ton enseignement.

Aussitôt, il manda les docteurs et leur annonça sa décision.

Cela produisit sur ces messieurs du Haut-Savoir un effet qui ne surprit personne : le soir même, ils sollicitaient une audience de Sa Majesté la Reine et ils s'y présentèrent, bien alignés, derrière Sitanson-Koulem, qui, étant le plus vieux et le plus éloquent, était leur porte-parole :

— Que Votre Gracieuse Majesté, commença-t-il, veuille bien s'armer de tout son courage! Elle n'en aura pas trop pour entendre ce que j'ai la douloureuse mission de lui faire connaître.

— Parlez, vénérable Sitanson-Koulem. Nous sommes préparée aux pires nouvelles.

Sa Majesté, cela va sans dire, ne s'était pas départie du calme qui convient aux Grands de la Terre; au surplus, elle était habituée depuis longtemps aux exordes du Corps des savants de la Cour dont Matissou, incorrigible, disait : « Je frémis! Le professeur de mathématiques s'apprête à démontrer, d'irréfutable manière, que ces deux grenades et

ces deux figues, qui sont sur la table,
font quatre unités — ce qui ne sera pas
vrai parce que les deux figues ne seront
plus que petits tas sans forme quand il
aura fini. »

— O Majesté, qui êtes la Grâce et
l'Intelligence, la Bonté et la Justice,
poursuivit Sitanson-Koulem, le corps
des savants de Votre Royaume, qui m'a
fait le grand honneur de déléguer mon
indigne personne pour vous parler, m'a
chargé, du même coup, de la peine la
plus lourde que ma vie laborieuse m'ait
jamais imposée !

Il voulut dresser l'état de ses cam-
pagnes scientifiques, mais Matissou-le-
Nain-Bleu, ayant demandé à la Reine la
permission de placer son mot, interrom-
pit Sitanson-Koulem :

— Permettez, savant entre les savants, qu'empruntant la manière de
votre langage, je vous mande, de la part

de sa Gracieuse Majesté, d'avoir à dire sans plus tarder l'objet final de votre démarche.

La petite Reine approuva d'un signe de tête.

— Majesté, j'y arrive! reprit le vieux savant. En un temps lointain, alors qu'un grand roi régnait sur les plaines méridionales arrosées par le fleuve majestueux dont mon collègue de la Géographie a dû instruire Votre Altesse, il se produisit au sein de l'Empire une crise semblable à celle qui va détruire le royaume de Cascarello. Que fit le Grand Roi?...

Une voix s'éleva dans la salle du trône :

— Il envoya les savants au diable...

C'était la voix de S. A. le Duc-Régent :

— Et il s'en trouva si bien, poursuivit-il, que le royaume reconquit aussitôt la vie que les savants lui avaient retirée bribe à bribe. Sitanson-Koulem, lumière entre les lumières, ne faites pas attendre plus longtemps Sa Majesté pour lui apprendre que le Savant Collège tout entier démissionne. C'est bien cela, n'est-ce pas?

Le vieux Sitanson-Koulem resta bouche bée.

— Eh bien, reprit le Duc-Régent, Sa Majesté accepte votre démission.

La petite Reine opina de la tête en souriant, tandis que le Nain Bleu tirait de son jabot de dentelles un mouchoir à carreaux pour étancher ses larmes.

— Mais, poursuivit le Duc-Régent, Sa Majesté, dans sa Sagesse, y met la condition formelle que vous en renouveliez l'expression, ici-même, quand le soleil aura repassé huit nouvelles fois sur le Palais. En attendant, Sa Majesté vous accorde les vacances que vous avez bien méritées.

La petite Reine, sans sourciller, fit le geste qui congédiait ses professeurs; le dernier avait à peine disparu qu'elle éclatait d'un bon rire.

— Çà! fit Matissou, je vois que la Révolution éclate assez joyeusement! Il va falloir surveiller les agitateurs et déjouer les complots. Si Votre Majesté veut m'en croire, Elle visitera un peu plus souvent mon magasin. On y tiendra enseignements d'aimable sagesse par-devant les amusements qui distrayaient l'enfance de ma Gracieuse Souveraine.

Le lendemain, tandis que Sa Majesté la Reine écoutait la nouvelle histoire que le poète lui contait sous les orangers, Matissou-le-Nain-Bleu surprenait une édifiante conférence que le Corps Enseignant faisait aux soldats du Palais.

— Voyez, disait Sitanson-Koulem,

voyez, hommes qui faites profession de courage, où l'esprit nouveau introduit ici par ce mendiant ignorant va mener le Royaume! Quand le soleil se sera montré sept nouvelles fois, l'Etat sera privé des enseignements de la Science! Alors, qui prendra soin de la nourriture de votre esprit, hommes courageux?...

Le Nain Bleu allait répliquer, lorsque, d'un seul mouvement, les soldats détalèrent : la corne qui annonçait la soupe venait de lancer ses trois appels et, comme par enchantement, les savants professeurs demeurèrent seuls dans l'arène.

— Nous parlerons aux Grands de la Cour, promit l'un d'eux; et nous serons entendus! Il faut sauver le Royaume!

Ils réunirent donc les Grands de la Cour en trois groupes : les titulaires des dignités civiles, les officiers et, pour la

4

fin, les nobles dames qui dirigeaient les femmes du service de Sa Majesté.

Avec elles, cela ne traîna pas : elles leur rirent au nez. Les femmes, en ce temps-là, se moquaient des sciences dont, sans doute, elles ne connaissaient ni les premiers mots, ni les bienfaits. Les officiers, eux, ne mirent aucune forme au dédain qu'ils nourrissaient pour ce qui n'était pas l'art de pourfendre l'ennemi. Quant aux dignitaires, les uns bâillèrent au discours et les autres ne celèrent pas leur étonnement d'apprendre, dans l'instant qu'il allait être dissous, qu'un corps enseignant existait à Cascarello.

— Pour un succès, dit le Nain Bleu, on ne peut nier que c'en est un!

Lui, il avait profité du congé officiel de l'Université pour attirer Sa Majesté dans son domaine qui était le merveilleux musée des jeunes années de la Reine. Il

était riche en caravelles et en petites
barques, en armées de soldats dans des
coffrets, en éléphants grands comme des
chiens et en chiens articulés de la taille
des lapins; il y avait aussi des villages,
et des châteaux de bois dorés et peints,
et des forêts, et des oiseaux comme le
bois d'orangers en cachait dans ses branches, et de curieux petits jouets qui ren-
daient des airs quand on poussait un
bouton. Il y avait encore de grands pa-
pillons de fin papier qui volaient; il y
avait, enfin, la merveille fameuse dont
l'invention était connue bien au delà du
royaume, le « Coulcoulicoulacouli » dans
sa cage, plus rutilant que le plus diapré
paradisier, plus petit que la cigale des
roses, et qui chantait d'innombrables
airs en battant des ailes et en s'agitant
sur son perchoir. Et il y avait des poupées
qui fermaient les paupières pour dormir
et dont chacune avait son trousseau, les

unes de fine soie, les autres d'étoffe pay-
sanne ; des pantins avec grelots et son-
nettes, des jeux pour le parc et des jeux
pour le salon, des boîtes d'objets que Sa
Majesté reconnaissait sans effort, des
tubes qui montraient à l'œil ébloui des
féeries en pierres précieuses...

— Voici le plus ancien de tous, celui
que la vénérable madame Nolette faisait
virer alors qu'elle tenait Votre Majesté
sur ses genoux.

C'était une folie endiamantée qui
jouait un refrain en tournant.

— Et celui-ci... Et celui-là... Et cet
autre...

La fraîche et charmante histoire du
premier âge de la petite Reine de Cascarello se déroulait, contée par celui qui
avait présidé à ses jeux.

La jeune souveraine souriait, amusée ;
mais, soudain, elle dit :

— Où est Fidèle?... Montre-moi Fidèle!

Les yeux de Matissou pétillèrent.

— Je n'aurais jamais cru que Votre
Majesté se serait souvenu d'elle!

Il s'approcha de l'armoire de fer dont
lui seul connaissait le secret de la fer-
meture, l'ouvrit et en sortit un coffret de
satin.

— Ah! Fidèle, ma Fidèle! s'écria la
Reine.

Et elle saisit une poupée à laquelle il
manquait un bras, une jambe et le pied
de l'autre jambe, et dont le rond visage
était écaillé, mais qui gardait encore un
frais regard de source dans ses prunelles
de verre.

— Fidèle, ma fille chérie, beauté de
mes joies, toi qui m'as consolée d'être,
trop jeune, une princesse vêtue de bro-
cart et chargée de bijoux! Te rappelles-
tu ce jour où le Protocole m'assit sur le

trône pour recevoir les ambassadeurs
des pays qui, paraît-il, adressaient des
remontrances au mien? Sous mon manteau de Cour, je te caressais de la main
gauche, tandis que, de la droite, je m'ef-
forçais de ne pas lâcher mon sceptre d'or;
et je te chuchotais des mots que tu étais
seule à pouvoir entendre. La cérémo-
nie terminée, cette bonne Nolette, en
me déshabillant, m'embrassa, pleine
d'orgueil : « Ma petite Reine sera une
grande Reine parce qu'elle s'est tenue
sur le trône comme la plus grande des
Reines ». Et mon oncle, le Duc-Régent,
entra pour me féliciter. Ah! il était
heureux, le cher tonton, si heureux que
je ne me suis pas retenue de lui confesser
mon secret — et il a ri, il a ri! De cet
instant, je l'ai aimé plus que je ne l'avais
jamais aimé, parce que j'ai bien senti
qu'il m'aimait, lui, comme un bon papa...
Depuis, et pendant longtemps, Fidèle,

tu as assisté à tant de cérémonies so-
lennelles, à toutes celles où j'avais sur
les épaules la pourpre du commande-
ment! Et il le savait, le Duc-Régent, et
il me demandait, avant que je pénètre
dans la Salle du Trône, si j'avais Fidèle à
la main. Le savais-tu, toi, Matissou?

— Je le savais, répondit le Nain Bleu.

— Nous étions donc trois dans le secret... Pauvre Fidèle, c'est à ce service
royal que tu as perdu un bras, et une
jambe, et ton autre pied! Tu as été vic-
time des circonstances; la main qui te
caressait ne savait trop ce qu'elle faisait.
Ensuite, la peur qu'on me découvrît
m'empêchait de songer à recueillir tes
morceaux...

— Ils sont là, dit Matissou, en dé-
pliant le sachet de soie où il les avait
rangés. Après certaines audiences, je les
ramassais derrière le trône.

La petite Reine le regarda :

— Pourquoi donc ne les as-tu pas rendus à Fidèle, toi si subtil et dont les mains sont si adroites ?

Le Nain Bleu sourit :

— Que Votre Majesté m'excuse ; Elle se serait aperçue qu'on veillait sur Elle. Et puis, ajouta-t-il, peut-être qu'Elle aurait moins chéri cette Fidèle dont les membres repoussaient si aisément.

La Souveraine réfléchit et, tendant la main à Matissou, elle dit gravement, tandis qu'il lui baisait les doigts :

— Je ne croyais pas que tu m'aimais si bien, toi aussi ! Apprends donc ce que tu ne sais pas, ce que seule Fidèle sait, puisque c'est à elle seule que je me suis confiée... Il y a peut-être dix saisons, un matin, entra au palais un garçon qui était le neveu de Nolette ; il était plus beau que le plus beau des jeunes hommes de la Cour. Il venait de loin, de la haute montagne, et m'apportait des agneaux frisés et des chevreaux que sa tante lui avait commandé de m'amener. Je ne l'ai vu que durant un après-midi; avant que le soleil se couchât, il était reparti pour ses lointains pâturages, et je ne l'ai plus jamais rencontré, et je ne l'ai jamais oublié! Longtemps...

Elle se tut et, d'un vif mouvement, rejetant toute pudeur, elle articula passionnément :

— ... hier encore, je pensais à lui. Il préside à la longue histoire que je ne cesse de me conter. Je suis la Reine d'un beau berger, du plus beau, du plus intrépide et du plus doux des jeunes hommes, du plus pauvre et du plus noble, de celui qui est venu, chaussé de lanières et vêtu d'une peau de bête... Le savais-tu, toi, mon Nain Bleu?

— J'ignorais qu'il fût berger, mais je

savais que Votre Majesté avait un roi dans le cœur.

Elle le contempla, stupéfaite, et Matissou lui fit l'aveu que, veillant parfois sur son sommeil, quand elle s'endormait dans le hamac suspendu aux troncs d'orangers, il l'avait entendue rêver. Baissant les regards pour ne pas ajouter à la confusion de Celle qui se confiait à lui, il raisonna comme pour lui seul :

— Les rêves corrigent les fautes de la vie. Moi, qui ne suis qu'un bouffon de Cour, j'entretiens celui qui me fait un corps d'athlète et un génie de poète. Je suis un athlète comme le tambour-major de la Garde, et un poète comme ce « bonhomme » que Votre Majesté, dans sa bonté, a recueilli, et qui, lui, est en effet un grand poète. Chacun de nous se trompe avec application en se cachant de lui-même. Les savants exceptés, nul ne croit en soi et ne se targue de n'être que ce qu'il est. Mais, ajouta-t-il en se moquant de lui-même, voilà de bien graves paroles pour Votre Majesté...

— Je les comprends, Matissou. Continue!

— ... Voyez les professeurs de Votre Grâce; ils sont si pleins de science qu'ils ne peuvent plus se baisser pour ramasser leur calotte quand elle tombe. Je garantis qu'ils n'ont point d'effort à faire pour se persuader de leur utilité; et je garantis qu'ils n'ont point de rêves pour parer leur esprit.

— Ne me parle pas de ces imbéciles, et ne ris plus, Matissou! Il faut que je sache ce que vaut la vie.

Ce jour-là, Matissou discourut longtemps, et si sérieusement qu'il ne se reconnaissait plus.

Tard dans la soirée, le jeune Reine dit, en replaçant la poupée dans son écrin de soie :

— Fidèle, tu as été mon premier amour. Je t'ai retrouvée!

Et le lendemain, et les jours qui suivirent, la petite Reine reparut dans l'Eden de ses jouets, recousant, un à un, ses souvenirs, sans s'apercevoir qu'elle faisait mourir le temps de son enfance.

L en alla ainsi jusqu'à la cérémonie où, devant sa Cour, ses vassaux et les ambassadeurs délégués par les Cours du monde, la petite Reine prit sur un coussin de velours la couronne de Cascarello et la posa cérémonieusement sur sa tête.

A dater de cette solennité, elle perdit tout à fait son rire; il n'y eut plus que les larmes de son enfance qui subsistèrent — toutefois les sources en avaient été changées, et elles ne coulaient plus que la nuit, quand le château était endormi et que résonnaient les appels des veilleurs sur les remparts.

Durant le jour, sa nuque n'avait plus d'inflexion, ses gestes avaient perdu leur vivacité et la joie n'était plus dans sa voix.

Pour une petite fille, cela signifie tant de choses redoutables de porter une couronne! La plus légère pèse encore d'un poids trop lourd aux épaules. Il faut tenir la tête droite, il faut entendre des harangues auxquelles on ne comprend pas grand'chose, il faut recevoir avec le même visage celui qui vous défend et celui qui vous veut du mal; et il faut se fatiguer à ne jamais avoir l'air d'être au bout de ses forces.

La petite Reine de Cascarello avait perdu jusqu'au sens de la gaieté.

Alors, le vieux Duc s'inquiéta. Il proposa des distractions. C'est le meilleur remède pour chasser des âmes fiévreuses les pensées vacillantes qui les hantent; quand on ne se défend pas d'elles, chacune vous apporte un peu de ce poison dont les premiers effets sont si savoureux que le mal, cheminant déjà en vous, a les apparences d'un bienfait.

Ce fut le vrai motif de la fête qu'on décida de donner, la fête du montreur d'ours, de la belle danseuse au serpent et du théâtre des pantins de bois.

N avait sorti du Trésor les plus chatoyantes d'entre les pièces de soie orientale pour les tendre sur les murs. Il y avait des Dragons de Chine, des fleurs et des oiseaux fabuleux de Perse et d'épais brocarts, ainsi que de la gaze impalpable brodée à Byzance. Sur le carrelage de marbre, on avait jeté des tapis de carmeline amenés des pays qui bordent la mer intérieure; les grands lampadaires d'or et d'argent avaient été dressés, et l'on avait accroché les miroirs d'Adriatique qui multiplient la vie.

Sur trois larges gradins réservés à la Cour, on avait disposé des sièges; devant eux était le trône d'or garni de satin blanc broché de bleu — le large trône de la jeune Reine du plus petit royaume du monde.

Au grand complet, la Cour était là : le chef des gardes et de l'armée, entouré des hauts commandants; les premiers nobles et leur famille; les princes qui portaient sur leur blason l'étoile, la balance, le lys et l'olivier de Cascarello; les dames d'honneur, avec, à leur tête, la jolie marquise de Millepertuis — aussi petite que la Reine, et si claire et si gracieuse et si, malgré ses cheveux blonds, semblable à la souveraine, qu'on l'aurait confondue avec elle, n'avait été qu'elle avait conservé son rire, tandis que la petite Reine avait perdu le sien. Il y avait aussi, naturellement, le vieux Duc et sa suite, et Sylvette de Montefillo, la sœur de lait de la Reine, ainsi que Madame Nolette, sa mère, qui avait été la nourrice de Sa Majesté; et Matissou-le-Nain-Bleu, et Trompe-l'Œil, qui lui donnait la réplique pour les pantalonnades, et Bonhomme-le-Poète, et le corps des savants de l'Académie, qui, naturellement, ne s'étaient pas fait prier pour reprendre leur démission; enfin tous ceux qui pouvaient justifier de leur droit au spectacle.

Au soir dont il s'agit, le programme entier venait de l'étranger. C'étaient des baladins, arrêtés à la frontière, qui en faisaient les frais. Il y avait un montreur de bêtes, descendu des montagnes avec sa ménagerie d'ours savants et de marmottes; il y avait une danseuse indienne qui charmait un serpent; il y avait encore Sombrefiche et son théâtre de pantins de bois.

On commença par le montreur d'ours et de marmottes.

UR un air obsédant que
scandait le tambourin,
le montagnard fit évo-
luer ses bêtes, et c'était
un joli spectacle que
celui d'un ours plus
haut qu'un homme de
grande taille, tenant avec ses pattes de
devant un bâton posé sur son cou. Il
obéissait au rythme d'une musique nos-
talgique et, tandis qu'une marmotte, à
ses pieds, reproduisait comiquement ses
mouvements, il se dandinait à la façon
d'un berger qui danse.

La petite Reine, amusée d'abord, avait
laissé ses regards se fixer sur un lampa-
daire dont les feux, répercutés par un
miroir, faisaient, au bout de la salle, un

foyer de clarté. Elle voyait une montagne casquée de neige éclatante; au-dessus régnait un ciel profond, limpide, sans une ride; un char magnifique le traversait, s'enfuyait, partait pour un horizon, revenait, traçait des cercles et s'arrêtait sur la cime immaculée; les chevaux aux naseaux fumants piaffaient. Du char d'or et de feu descendait un être plus beau qu'un homme, qui était certainement un dieu. Il s'avançait et, derrière lui, la neige fondait et les fleurs poussaient. La nature s'animait; des oiseaux prenaient leur vol, faisant cortège à ce voyageur céleste. Et le dieu s'arrêtait, ouvrait les bras, levait la tête... De si loin, la petite Reine voyait qu'il lui souriait... C'était le jeune berger qui, au temps si proche et si lointain de sa fraîche enfance, lui avait apporté les agneaux bouclés et les chevreaux aux pattes raides et au front têtu.

Soudain, on entendit le Duc comman-

der au montreur d'ours d'arrêter sa musique et ses bêtes; et cela fit que la petite Reine descendit un peu brusque-
ment sur la terre. Ses paupières clignè-
rent comme si elle se réveillait, et elle
répondit par un signe de tête à son oncle
qui lui demandait s'il était temps de
faire entrer la danseuse des Indes.

UAND les ours et les marmottes eurent quitté la salle et qu'on eut installé les trois musiciens de la danseuse, la femme surgit de derrière un panneau, légère, drapée dans un pagne lamé d'argent; et elle dansa tandis que d'une corbeille sortait un long serpent réveillé par les flûtes.

— Votre Majesté n'a point peur? chuchota madame Nolette à l'oreille de la souveraine.

La petite Reine sourit en la regardant et elle eut un geste pour l'écarter.

Elle suivait des yeux la danseuse qui, maintenant ceinturée par le long serpent, défaisant et refaisant les anneaux de la bête, mimait un drame.

Chacun des spectateurs croyait être seul à pénétrer la signification de ce qu'il voyait : une femme, arrivée à l'âge de l'amour, avait voulu connaître l'amour, et elle l'avait appelé dans le vague du vaste monde sans remarquer qu'il s'était déjà levé du sol et l'avait insensiblement gagnée. Mais voilà qu'à la volupté d'aimer, si nouvelle, si désirée, avait succédé l'angoisse de l'inconnu redoutable qui s'ouvrait devant elle. Attirée trop vite à son gré, elle se débattait et essayait de fuir, déjà subjuguée par le subtil engourdissement de la caresse; pourtant, conservant encore sa volonté de ne pas se livrer, elle retardait le moment de sa chute, et elle donnait tantôt l'impression qu'elle pouvait encore se sauver, tantôt celle qu'elle était perdue. Vint, enfin, l'instant fatal! La danseuse, les bras liés par les anneaux du grand reptile, le buste tendu, la tête rejetée en arrière, continuait de danser sur le même air modulé par les flûtes; cependant la cadence était devenue plus libre, et plus active et plus persévérante...

La Cour était attentive et, depuis la marquise de Millepertuis, dont le frais visage s'était imprégné d'angoisse, jusqu'à madame Nolette, qui avait les mains jointes, jusqu'à Matissou-le-Nain-Bleu, et Bonhomme, tous — sauf les vieux savants dont les regards, malgré les bésicles ne voyaient que le corps de la femme et point la raison du drame — tous haletaient.

Seul le vieux Duc n'était pas au spectacle : il épiait sa nièce.

Enfin, la danseuse se laissa glisser doucement à terre; le serpent s'allongea sur son corps, ondula, et lentement, comme une eau qui coule, il regagna sa corbeille.

On attendit pour applaudir que la petite Reine donnât le signal; mais la petite Reine poursuivait la fable...

Le Duc s'approcha d'elle.

Elle se passa une main sur le front et, s'arrachant du charme qui avait donné tant d'aliments nouveaux à ses rêves, elle sourit et applaudit.

E fut alors que Matis-
sou-le-Nain-Bleu pré-
senta M. Sombrefiche,
le maître du théâtre
des pantins de bois.

Il était long, maigre,
avec des coudes poin-
tus, et un nez en bec d'aigle qui avait
de telles proportions qu'on ne voyait que
lui dans le visage ravagé de rides, aux
bajoues molles et bleues.

En se dirigeant vers le trône, le nouveau venu fit trois saluts, strictement selon les rites des Cours, comme un vrai
seigneur rompu au protocole, mais ses
lèvres au pli dédaigneux ne se relevèrent
pas.

Son long corps étique s'écrasa ensuite dans une profonde génuflexion, puis il se releva, plus grand, immense, plein d'orgueil : c'était un homme qui connaissait sa valeur.

Il se dirigea vers son théâtre; d'un geste ample, noble et d'une aisance emphatique et professionnelle, il tira le rideau; et l'on vit, accrochés par des ficelles, huit pantins de bois de taille humaine, les membres pendants, désarticulés, le corps flasque, la tête tombante, figurant si bien des pendus qu'on n'aurait jamais cru qu'il était possible de leur donner l'apparence de la vie.

Tandis que les musiciens de l'orchestre saluaient et disparaissaient derrière le théâtre, M. Sombrefiche fixa un écriteau sur la poitrine de chacun de ses interprètes.

Il posa le premier sur le pourpoint du plus élégant de la troupe et, d'une chiquenaude, il lui redressa la tête. Ce pantin portait une perruque sombre; sa figure, qu'ombrageait un grand chapeau à plumes, était maigre, brune, assez joliment soignée; le justaucorps qui lui moulait la taille était de même couleur et de la même coupe que celui de M. Sombrefiche... Une fois qu'on avait fait cette remarque, c'en était fini de chercher à qui ce pantin ressemblait; en beau, en riche, en mieux bâti, il était M. Sombrefiche lui-même.

M. Sombrefiche retourna l'écriteau qu'il venait de lui pendre au cou : *Trifaldin, le séducteur.*

Le séducteur, comme si le maître des pantins de bois, pour se dédommager de son existence de pauvre hère, durant une heure par jour, devant les plus puissants seigneurs et les plus belles dames des Cours, faisait vivre à sa propre image les rêves qu'il ne réaliserait jamais.

L'assistance n'attendit pas que la petite Reine donnât le signal de rire.

Sur la poitrine d'une jeune fille habillée de soie blanche parsemée de fleurs roses, à peine plus roses que ses joues, M. Sombrefiche épingla la pancarte : *Eglantine, la jeune première.* Et il distribua les autres rôles : le plus vieux des personnages fut *le Père d'Eglantine* (pour le distinguer des autres, il tenait une rose à la main); la grosse matrone coiffée d'un bonnet sous lequel passaient des papillotes, *Madame Toupichel,* c'était la duègue d'Eglantine; *Lucas,* le soupirant d'Eglantine, l'air doux, charmant, niais; *M. Liballeau,* son père; *le frère,* une tête de garnement et de grosses mains rouges (tenant, lui aussi, une rose pour indiquer qu'il était le frère d'Eglantine); enfin, sur l'étroite poitrine du dernier personnage, *le Compagnon.* Celui-là était un pantin aux habits étri-

qués, aux bottes dont les épaisses se-
melles cloutées pouvaient donner à ré-
fléchir aux quémandeurs; il portait be-
sace et sac de cuir.

M. Sombrefiche salua de nouveau,
eut un joli geste de fausse humilité pour
présenter sa troupe, puis, en un tour de
main, ayant enlevé les écriteaux, il fit
disparaître dans la coulisse *Trifaldin,*
Lucas et *M. Liballeau,* son père, ainsi
que le frère d'Eglantine — et il passa lui-
même derrière son théâtre.

L'assistance, amusée, s'agitait. Les
dames s'éventaient en se penchant; la
petite Reine avait des yeux pleins de
rire.

COMME par enchantement, à la première note du petit orchestre, les quatre pantins se dressèrent, si véridiques qu'on les aurait crus vivants.

Eglantine s'assit dans un fauteuil, Madame Toupichel lui mit un coussin sous les pieds, le père d'Eglantine se promena de long en large en agitant les bras. Il finit par s'arrêter devant sa fille, éclatant en remontrances.

La mimique était parlante : il s'agissait d'un mariage et les affaires marchaient mal.

Eglantine faisait : « Non, non, non » de la tête; son père, ivre de fureur, frappant du pied, leva le poing.

La fragile Eglantine n'en put voir davantage : sa tête s'inclina, ses mains se posèrent sur son visage et elle sanglota, tandis que madame Toupichel essayait de lui faire entendre raison et que le Compagnon, excité par l'exemple de la bonne duègne, se risquait à toucher le bras de son maître pour le calmer. Mal en prit au garçon! Le père se retourna d'une pièce et, selon les règles, administrant une paire de claques à ce serviteur trop sensible, d'un coup de pied dans le haut-de-chausses, il lui fit regagner son coin.

Là-dessus il s'en fut ouvrir la porte à son fils; ils s'étreignirent et, aussitôt, le fils dit combien il plaignait le meilleur des pères dont le cœur était mis à une telle épreuve par l'entêtement de sa fille, une péronnelle. Ah! lui, du moins, était un bon fils, obéissant, sage... Il le prouverait bien!

— Je vais arranger cela! assura-t-il. Auparavant, il faut que je règle une petite dette. Mon tailleur attend à la porte, et veut son argent. Je n'en ai justement pas sur moi. Voulez-vous m'avancer la somme?

Le père fit mine de résister.

— Ah! pressons-nous! dit le garnement. Il faut que la sotte histoire dans laquelle nous lance votre fille se termine au plus tôt, et je m'en charge!

Le père s'exécuta donc, mais en deux fois et avec quels regrets! Aussitôt, le fils, appelant le Compagnon, lui remit quelques pièces, lui donna l'ordre d'aller calmer le fournisseur et, avec une habileté qui était, probablement, le fruit de nombreuses expériences, il glissa dans sa propre bourse le surplus de ce qu'il avait reçu. Ensuite, la conscience apaisée, il invectiva sa sœur. Enfin, sûr que sa plaidoirie avait porté ses fruits, il dit à son père qu'on pouvait faire entrer ceux qu'on attendait.

L'un après l'autre, se présentèrent M. Liballeau, important, et son fils Lucas, qu'il poussa jusqu'à Eglantine et qu'il contraignit à mettre genou en terre.

Tandis que le jeune Lucas faisait sa déclaration avec timidité, qu'Eglantine l'écoutait d'un air excédé — les deux pères débattaient les apports des futurs conjoints sans parvenir à tomber d'accord : M. Liballeau tenait à son capital, le père d'Eglantine au sien. Chacun ne consentait qu'à donner des rentes. Il fallut que le frère d'Eglantine s'en mêlât : il obligea son père à lui remettre sa bourse et, soudain plus soucieux des intérêts de la famille que le chef de famille lui-même, il mit dans son chapeau

une toute, toute petite pincée de mon-
naie : voilà ce qu'on donnerait en dot à
Eglantine! Mais, le fourbe, il prenait des
pièces à poignée et les glissait dans sa
propre poche! Le jeu recommença plu-
sieur fois, M. Liballeau n'étant pas encore satisfait, jusqu'à ce que le père
d'Eglantine, saisissant la bourse vide, fit
remarquer qu'il n'avait plus rien à donner.

A son tour, M. Liballeau dut verser
la dot de Lucas, et le frère d'Eglantine
l'y aida, jetant des pièces d'or dans le
chapeau, en glissant le double dans sa
poche.

Les pères, enfin, s'étant mis d'accord,
restaient les deux fiancés qui ne s'enten-
daient pas : Eglantine continuait ses gestes de dénégation, le jeune Lucas ses gestes de désespérance.

Le frère d'Eglantine, aussitôt, prit le
jeune Lucas à part et lui démontra qu'il

fallait changer son jeu : il devait parler en homme... ou bien en séducteur, ce qui était plus difficile. L'autre répétant, pitoyable et niais :

— Je ne sais pas ! Je ne saurai jamais !

— C'est bon ! dit le frère. Je vais vous faire donner une leçon par un de mes amis.

Et il appela Trifaldin.

**

La petite Reine, les mains jointes, les yeux brillants, ne perdait pas un geste du jeu.

On attendait le Séducteur !

**

La porte s'ouvrit : d'un bond, Trifaldin se présenta.

Tout changea. Eglantine le regarda, comme un passereau miré par un oiseau planeur. Le père d'Eglantine approuva, bienveillant. M. Liballeau voulut s'interposer. Le compagnon de la troupe l'en empêcha, aussitôt arrêté par une nouvelle gifle de son maître et repoussé dans son coin par un coup de pied du frère.

Trifaldin s'approcha d'Eglantine, fit deux révérences — ah! vraiment, identiques aux révérences que M. Sombrefiche avait faites à la Reine.

Et Trifaldin parla, un poing sur la hanche, avantageux, sûr de lui, captant du même coup, l'attention d'Eglantine et, à n'en pas douter, un peu de son cœur. Puis, la passion le gagnant à son tour, il s'anima et, oubliant qu'il n'était là qu'un maître ès amour, il alla si loin, qu'il émut Eglantine et que tout le monde, sauf le frère, qui l'avait introduit, s'en mêla pour l'interrompre. Mais, soudain haussé, prenant le père d'Eglantine à part, il lui démontra que, seul, il pouvait faire le bonheur de sa fille. Il serait un gendre modèle : il n'avait pas liard en poche, c'était vrai, mais il avait, bien à lui, une autre fortune, celle du cœur et des grâces de l'intelligence!... D'ailleurs, que demandait-il? Pas de trousseau, pas de bijoux, pas d'argent. Il ne demandait que la fille!

Le père d'Eglantine était ébranlé.

— Gardez, gardez votre or! dit Trifaldin.

D'un même mouvement, les deux pères se précipitèrent sur le chapeau, mais le damné frère, qui ne l'avait pas lâché, ne leur permit pas d'y toucher : les débats n'étaient pas clos.

— Gardez, gardez votre or, répétait Trifaldin, tandis que, profitant de l'émotion générale, le frère faisait le plein de ses poches. Je vais vous montrer ce que je sais et vous verrez que, si pauvre, je suis plus fortuné que vous!

En effet, il se mit à danser.

Cela s'adressa d'abord à Eglantine, et puis au père, et puis au frère de la jeune fille, et aussi à madame Toupichel, qui en fut bouleversée.

M. Liballeau et son fils étaient bien oubliés!

Trifaldin gagnait la partie. Sa danse devenait plus ailée; il en arrivait à une grande exaltation, quand, soudain...

'EST là qu'il faut admettre que le prodige commença.

Il n'a échappé à personne, et pourtant il y avait dans l'assistance des hommes de haute condition et de bel esprit — ceux qui professent l'incrédulité — et des courtisans qui croient tout ce qu'on veut, et des sots qui croient à peine ce qu'ils voient, et des hommes de science, ceux qui discutaillent toujours : tous sont tombés d'accord, tous, sans excepter les femmes, dont les jugements et les témoignages contrecarrent généralement ceux des hommes.

Voici ce qui se produisit :

 RIFALDIN, s'étant tourné vers la Cour pour la prendre à témoin, avec le ciel, de sa passion pour Eglantine, sembla voir, véritablement, la petite Reine...

Et le geste qu'il avait commencé ne s'acheva pas !

Les autres pantins s'immobilisèrent. Probablement que, déjà perdant la tête, leur maître, dans la coulisse, devait ne tirer que sur les fils du séducteur... L'un d'eux se rompit et le pantin Trifaldin, un bras levé, l'autre courbé pour le geste d'une déclaration, chut sur les genoux.

Il avait l'air d'adorer la Reine.

M. Sombrefiche se précipita de derrière son théâtre pour réparer le désordre; par malheur, le rideau se décrocha, isolant le pantin Trifaldin du reste de la troupe et compliquant l'enchevêtrement des commandes.

M. Sombrefiche parvint néanmoins à relever le rideau, mais il lui fut impossible de rien faire de plus...

Et la représentation prit fin sur ce désastre!...

La Reine fit venir près d'elle le maître des pantins, le félicita et, donnant le signal du départ, elle commença de se retirer, précédée des hallebardiers, suivant la haie que formaient les grands dignitaires de la Robe, de l'Epée, de la Finance et de la Maison.

Elle allait franchir le seuil de la haute porte, suivie de madame Nolette et de Matissou, lorsque...

OUI, le démon du pro-
dige était bien présent !
On ne croit jamais à
lui et voilà qu'il se
manifeste aux instants
les plus ordinaires
comme aux minutes
les plus exceptionnelles de la vie !

ORSQUE, se retour-
nant pour donner un
dernier coup d'œil aux
pantins qui l'avaient
amusée, elle vit — et
cela est indubitable-
ment affirmé par les
témoins — elle vit Trifaldin lui faire
face.

Admettons, pour éviter les chicanes
des sceptiques, qu'un fil, à ce moment,
eût lâché son attache !

Mais le mouvement avait été fait avec
tant de naturel que, tremblante, la petite
Reine de Cascarello en fut bouleversée.

Lorsque la Cour eut quitté la salle,
que la porte fut refermée, M. Sombre-

fiche se releva de sa génuflexion et voulut déménager son théâtre. Cependant, les serviteurs du palais se présentaient pour éteindre les lumières, et il fut bien obligé de s'en aller avant eux.

MAINTENANT, arrivons à ce qu'ont rapporté, d'après les affirmations de la Reine elle-même et celles de Bonhomme, oublié derrière un fauteuil, les mémorialistes de la dernière Souveraine de Cascarello, remplis de terreur, — disent-ils — mais en honnêtes gens. Ils n'ont pas cherché à expliquer le miracle qui, d'un pantin de bois, a fait un homme aussitôt replongé dans le néant par l'aveuglante lumière de la réalité ; dans l'état de nos connaissances, d'ailleurs, il ne nous est pas permis d'aller plus loin que les rédacteurs à qui nous devons le récit.

M. Sombrefiche avait laissé Trifaldin le séducteur, agenouillé sur la scène de son théâtre, une main sur le cœur, un bras tendu, la tête tournée vers la porte par où la Reine avait disparu.

Or, la tête de Trifaldin fit lentement face au trône doré et, à l'instant, le trône fut baigné de lumière.

Eglantine, son père, son frère, madame Toupichel, M. Liballeau et son fils virent-ils leur compagnon de bois Trifaldin se dresser?... Leur vie, si, dans un bref instant, ils en ont eu une, a si peu duré que nul humain, évidemment, n'a pu recueillir leur témoignage.

Mais Trifaldin s'était dressé!

Saisissant ses ficelles, il les rompit; prenant son chapeau, il le lança dans la salle; sautant par-dessus la rampe éteinte, il se courba devant le trône et, se prosternant, il courba son front et tendit les bras vers ce soleil resplendissant. Puis, se relevant, il dansa comme une créature de Dieu.

Ses mouvements n'étaient plus précaires et hésitants. Il était soudainement devenu un être souple, aérien, transporté par la plus tendre des passions.

Ne voyait-il que le trône? Ou bien ses yeux au sens tout neuf percevaient-ils toujours la jeune Reine qui, d'un corps d'imposteur, avait fait un homme au cœur battant et à l'âme radieuse?

Il devait voir la Reine! Elle était là, devant lui, les mains jointes, le jeune visage pâli, les paupières embuées de larmes. Et il lui exprimait, dans la seule langue qu'il pouvait parler, il lui exprimait en dansant qu'elle était la plus belle élue que le Maître Universel, dans son infinie bonté, eût jamais faite, et que lui, le pantin, s'étant dépouillé de son indignité, entrait dans la vie sur le splendide rayon qui émanait d'elle; il la convainquait qu'il sentait éclater dans sa poitrine une flamme fantastique qui le brûlait et le glaçait à la fois; il lui disait qu'il l'aimait, qu'il l'aimait sans espoir, et pourtant qu'il allait sans retenue vers les douleurs des hommes et vers la mort elle-même, content de payer l'extase splendide qui le soulevait par le sacrifice des jours dont on venait à peine de lui faire le beau présent...

Lui qu'on avait taillé, qu'on avait peint et habillé pour amuser les hommes, qui n'avait eu que des gestes prêtés par l'un d'eux, qui n'avait jamais versé de larmes, qui n'avait eu ni rires, ni peines, ni joies, qui n'avait possédé d'autre savoir que celui de M. Sombrefiche, lui qui n'avait été que l'image parodiée de l'homme, appelé à la vie en une seconde par le mystère de l'amour, il était devenu un homme !

Et il répétait qu'à peine entré dans

cette vie merveilleuse, à peine saisi par l'orgueil de voir, de sentir, de respirer, d'agir, de se commander, de s'abandonner, de souffrir, déjà il ne concevait plus de respirer s'il n'avait pas le bonheur d'éveiller, par son amour, l'amour de Celle qui l'avait appelé à la vie!

Bonhomme, qui croyait être le jouet d'un rêve, s'était enfui sans bruit.

Et c'est à ce moment que la haute porte s'entr'ouvrit et que la petite Reine apparut.

Elle vit — Elle! — Elle vit Trifaldin, le pantin de bois!...

Elle en parla plus tard, et ne cessa d'en parler jusqu'à sa mort...

Elle vit Trifaldin danser, léger comme l'insecte de nuit qui tournoie dans le cône blond d'un fanal.

Et elle comprit que c'était à elle que s'adressait son incantation.

Elle fit un pas vers lui et, quand le danseur humain, beau comme un dieu, l'aperçut, il était si haut dans sa poésie que cette présence ne le ramena pas sur le sol.

Le trône, insensiblement, était devenu plus lumineux, mais la petite Reine, plus lumière que lui, l'éteignait de son éclat.

Elle se mit à danser, refaisant ce qu'elle avait vu faire à la danseuse des Indes : curieuse de l'amour, elle se laissait aimer et, prenant peur de l'amour, elle voulait lui échapper ; mais déjà saisie par lui, elle ne parvenait plus à rompre le cercle qui lui interdisait la fuite. Elle voulait combattre et ne retrouvait plus qu'une volonté grelottante, près de s'évanouir.

Et elle sentit, enfin, que la tendresse de son amant l'avait conquise, et que c'était fini de se défendre et qu'un beau roman commençait.

Alors, ingénument, elle s'abandonna.

Pourtant, celui à qui elle faisait ce don magnifique, terrifié par la richesse qui s'offrait à lui, fuyait.

Elle le rejoignit, étendit les bras pour se donner, les referma pour saisir et garder contre elle l'être miraculeux, plus beau que le plus beau de ses rêves...

A peine l'eut-elle touché, qu'avec un bruit de bois qui se brise, le pantin Trifaldin s'effondra !

U cri que poussa la Reine, le Palais s'é-veilla.

La porte s'ouvrit. Madame Nolette entra la première, puis ce fut le vieux Duc, et Bonhomme-le-Poète, et Matissou-le-Nain-Bleu, et tous les autres.

Et ils virent leur petite Reine, debout, les bras tendus, immobile, comme pétrifiée, regardant à ses pieds le tas inerte de Trifaldin, le pantin de bois !

D'abord on ne prit garde qu'au scandale et l'on voulut éloigner les gens de la maison : il était trop tard.

Aussitôt, le duc, la marquise de Millepertuis, madame Nolette, et Sylvette, et ses amis le poète, et le Nain-Bleu s'approchèrent de la Reine et tentèrent de l'entraîner; une force plus puissante que leurs forces réunies la rivait au corps du pantin.

Elle avait des yeux qu'on ne lui connaissait pas et sa raison semblait avoir fui avec la fantasmagorie.

Ce qu'elle avait vu, ou ce qu'elle avait cru voir — car il faut bien respecter dans nos écrits jusqu'aux plus vains entêtements scientifiques quand les siècles les ont consacrés — donc, ce qu'elle avait cru voir n'existait plus! Son beau rêve s'était écrasé. Il avait suffi qu'elle touchât la créature que son amour avait élue et haussée jusqu'à elle pour la faire chavirer, anéantie sur le sol d'où elle était montée...

Les épaules secouées de sanglots, elle pleurait.

La Cour, stupéfaite, entourait sa souveraine.

Et voilà que, écartant ceux qui l'enserraient, elle ordonna qu'on lui apportât les attributs royaux du sacre.

En fermant les yeux, elle couvrit du manteau la dépouille du pantin, disposa dessus la couronne et le sceptre, et son esprit put se représenter, étendu gravement pour le sommeil éternel, le bel aède qui l'avait aimée et dont elle avait fait le seigneur de son jeune cœur, pour l'éternité.

Et elle dansa pour lui un pas grave et doux, comme si cela devait apaiser les angoisses de l'âme qui venait de quitter le corps.

Puis, prenant en pitié son oncle, le Duc, qui se désespérait, elle commanda, pour le faire rire, à madame Nolette de danser, et même aux Professeurs de l'Académie.

Au Poète, qu'elle appela, elle dit en montrant la Cour :

— Bonhomme, ils ne me croient pas, eux, mais toi tu me crois, n'est-ce pas? Tu sais bien qu'il a dansé pour moi, celui que je pleure? Tu sais bien qu'il a conquis la vie pour me dire qu'il m'aimait, celui qui n'est plus?... Réponds-moi, Bonhomme!

Et le Poète, en larmes, répondit à la petite Reine :

— Oui, il a dansé pour Votre Majesté! Oui, il a conquis pour Elle la vie sur la matière! Je crois Votre Majesté; et jamais, jamais, Votre Majesté n'a été plus puissante...

cet endroit du récit, le trouble règne parmi les mémorialistes. Les savants discutent et font de la philosophie, Matissou - le - Nain - Bleu fait ingénument état de ses propres larmes et Bonhomme-le-Poète écrit une élégie passionnée.

Longtemps, paraît-il, pendant des années dont le nombre ne nous est pas fixé, la raison de la petite Reine de Cascarello ne revint pas.

Pourtant, chaque jour, à l'heure où le vieux Poète avait accoutumé de lui dire un de ses beaux contes, elle s'asseyait dans le bois des orangers et elle disait :

8

— Bonhomme, raconte-moi ce que tu sais et ce que tu ne m'as encore jamais rapporté.

Et elle l'écoutait, mais la fable l'emportait plus loin que ne le voulait le doux Poète et, au bout d'un moment, le conteur voyait bien que l'esprit de Celle dont il tentait de charmer le malheur, s'échappait et qu'il ne pouvait plus le capter.

Alors, il devenait silencieux et pleurait.

Un jour, disent les historiens, on crut pouvoir espérer que l'ordre se reconstituerait dans la tête de la Souveraine. Hélas! ce fut ce jour-là qu'on eut d'elle-même la narration exacte de ce qu'il lui avait été donné de voir la nuit qui avait terminé l'année de son couronnement, la nuit des pantins de bois, car elle seule avait assisté au déroulement du miracle. On s'imagina qu'elle parlait par symboles et l'on se convainquit que la folie ne l'avait pas quittée.

Il eût été, en effet, bien extraordinaire que des hommes, dont la sagesse, éprouvée par les études et mûrie par l'âge, admissent aisément qu'une enfant, fût-elle Reine, eût sainement découvert, et véritablement expérimenté que l'amour peut accomplir le miracle de donner une âme et le mouvement de la vie, et la jeunesse, et la beauté, à ce qui, l'instant d'avant, n'était que matière inerte, et objet de divertissement.

FIN

ACHEVÉ D'IMPRIMER SUR
LES PRESSES DE L'IMPRI-
MERIE RAMLOT, ET CIE, LE
30 NOVEMBRE 1930, POUR LE
COMPTE DES ÉDITIONS DES
PORTIQUES, 144, AVENUE DES
CHAMPS-ÉLYSÉES, PARIS.

www.ingramcontent.com/pod-product-compliance
Lightning Source LLC
LaVergne TN
LVHW050842200726
843507LV00001B/382